# Rätseln, raten, reimen ...

## Heiteres Gedächtnistraining mit Senioren für zwischendurch

Ute Schröder

Verlag an der Ruhr

**Titel**
**Rätseln, raten, reimen …**
*Heiteres Gedächtnistraining mit Senioren für zwischendurch*

**Autorin**
Ute Schröder

**Titelbildmotiv**
© Viacheslav Iakobchuk – Fotolia.com

**Druck**
Media Print Informationstechnologie GmbH, Paderborn, DE

**Verlag an der Ruhr**
**Mülheim an der Ruhr**
**www.verlagruhr.de**

**Unser Beitrag zum Umweltschutz**
Wir sind seit 2008 ein ÖKOPROFIT®-Betrieb und setzen uns damit aktiv für den Umweltschutz ein. Das ÖKOPROFIT®-Projekt unterstützt Betriebe dabei, die Umwelt durch nachhaltiges Wirtschaften zu entlasten. Unsere Produkte sind grundsätzlich auf chlorfrei gebleichtes und nach Umweltschutzstandards zertifiziertes Papier gedruckt.


**ISBN 978-3-8346-3770-3**

# Inhaltsverzeichnis

# Vorwort

## *Liebe Leser/innen,*

Rätsel gehören zum **ältesten Kulturgut** der Völker. Schon immer und überall auf der Welt haben Menschen Rätsel erfunden und anderen zum Raten gestellt. In früheren Zeiten dienten Rätsel ausschließlich dem Zeitvertreib und der Unterhaltung.

Heute haben auch Gedächtnistrainer*, Altenpfleger und soziale Betreuer den viel größeren Wert von Rätseln erkannt, denn sie sind ein hervorragendes Mittel **zur Förderung der Sprache und der Kognition**. Einfache Denkoperationen, wie Beziehungen und **Zusammenhänge zu erkennen**, **Vergleiche anzustellen** und **Schlussfolgerungen zu ziehen**, werden ebenso gefördert wie **Konzentration** und **Fantasie**. Das Spiel mit Wörtern, Silben und Lauten ruft außerdem den **Wortschatz** ab, schult das **Hörverstehen** und die **Wortbildung**. Besonders bei Rätselaufgaben in Reimform werden die **phonologische Bewusstheit** und das **Gefühl für Sprachrhythmus** und Sprachmelodie angeregt. Rätsel sind zudem kleine Herausforderungen, die **Spaß** machen und den Ehrgeiz wecken, das eigene Wissen zu testen.

Ich wünsche Ihnen und Ihren Senioren viel Spaß beim Rätsellösen oder vielleicht sogar beim Rätselerfinden.

Ute Schröder

---

* *Aus Gründen der besseren Lesbarkeit haben wir in diesem Buch durchgehend die männliche Form verwendet, um den Lesefluss nicht durch komplizierte Wortkonstruktionen zu stören. Natürlich sind damit auch immer alle Frauen gemeint, also zum Beispiel die Gedächtnistrainerin, die Altenpflegerin, die soziale Betreuerin etc.*

# Methodische Hinweise

Für Sie ist diese Rätselsammlung ein Hilfsmaterial, das Sie spielerisch und situativ im Alltag einsetzen können. Damit das gemeinsame Rätseln für Sie und Ihre Senioren ein Erfolg wird, hier noch einige inhaltliche und methodische Hinweise:

- Die Rätsel in diesem Buch sind in 14 Themen gegliedert, die Senioren besonders ansprechen.
- Erklären Sie den Senioren vorab, wie die Rätsel gelöst werden sollen. In größeren Gruppen könnte es sonst zu Unruhe führen.
- Lesen Sie kurze Rätsel und Rätselwörter mehrmals, langsam und deutlich vor.

## Rätselformen

Die Rätselsammlung beinhaltet elf verschiedene Rätselformen. Die Tabelle gibt Ihnen eine Übersicht darüber, welche Rätselformen von den Senioren grundsätzlich eher als leicht, welche als mittelschwer oder schwer empfunden werden:

| *leicht* | *mittelschwer* | *schwer* |
|---|---|---|
| *Wörterrätsel* | *Rätselreime* | *Scherzfragen* |
| *1-2-3-Ratefragen* | *Rätsellieder* | |
| *Bilderrätsel* | *Kesselrätsel* | |
| | *Rätselgeschichten* | |
| | *Buchstabenrätsel* | |
| | *Ratereimgeschichten* | |
| | *Ratefragen* | |

Welche Rätsel für welche Senioren geeignet sind, entscheiden Sie als Betreuungskraft je nach Gruppenzusammensetzung, kognitiver Leistungsfähigkeit und

Tagesform der Senioren. Bitte berücksichtigen Sie, dass Sie die Rätsel ggf. nach eigenen Kriterien an Ihre Gruppe anpassen müssen und dass die Tabelle lediglich eine grobe Orientierung bieten kann.

Um das Rätseln zu einem bestimmten Thema abwechslungsreich und unterhaltsam zu gestalten, sind in den einzelnen Themen jeweils sechs bis acht verschiedene Rätselformen enthalten.

- **RÄTSELREIME** sind Verse, in denen wesentliche Eigenschaften, Äußerlichkeiten, Verhaltensweisen oder der Verwendungszweck eines Begriffes genannt werden. Durch diese zentralen Beschreibungen sollen die Senioren jeweils ein Lösungswort erraten.
- **RÄTSELLIEDER** beinhalten jeweils mehrere Strophen, wobei jede Strophe Hinweise auf ein gesuchtes Lösungswort gibt. Grundlage der Lieder in diesem Buch sind ausschließlich bekannte, volkstümliche Melodien, damit Sie diese auch vortragen können, wenn Sie keine Noten lesen können.
- **KESSELRÄTSEL** stehen für Homonyme, d. h. für Wörter, die für verschiedene Begriffe stehen. In jedem Rätsel werden Hinweise zu beiden Wortbedeutungen gegeben.
- **RÄTSELGESCHICHTEN** beschreiben eine Begebenheit, in deren Verlauf viele Eigenschaften, Äußerlichkeiten, Verhaltensweisen oder Verwendungszwecke eines Gegenstandes oder Tieres genannt werden, welche die Senioren auf die richtige Spur des Lösungswortes bringen.
- **BUCHSTABENRÄTSEL** suchen ein Wortpaar, das sich reimt. Die beiden Lösungswörter unterscheiden sich nur im Anlaut. Sprechen Sie beim Vorlesen die Anlaute unbedingt als Laut und nicht als Buchstaben. Diese Rätselform eignet sich sehr gut, um weitere Reimwörter zu finden.
- **WÖRTERRÄTSEL** bestehen aus nur einem zusammengesetzten Nomen, dessen Wortteile vertauscht sind. Durch erneutes Tauschen der Anordnung der einzelnen Silben oder Wörter finden die Senioren das Lösungswort. Lesen Sie das Rätselwort mehrmals, langsam und deutlich vor.

→ **RATEREIMGESCHICHTEN** erzählen eine kleine Begebenheit, in der mehrere Lösungswörter gesucht werden. Da diese ausschließlich Reimwörter sind, fällt den Senioren das Finden der Lösungswörter leicht.

→ **SCHERZFRAGEN** sind lustige Wortspiele und eigentlich eine Zusammensetzung aus Rätsel und Witz. Da man bei diesen Fragen oft „um die Ecke denken" muss, sind sie vor allem für geistig fitte Senioren geeignet.

→ **RATEFRAGEN** sind im eigentlichen Sinne keine Rätsel, da sie keinen Hinweis auf die Antwort beinhalten. Entweder wissen die Senioren sofort die richtige Lösung oder sie stellen Vermutungen an, sie raten.

→ **1-2-3-RATEFRAGEN** geben jeweils drei Antworten vor, wobei immer nur eine Antwort die richtige Lösung ist. Sie können diese auf verschiedene Weise beantworten lassen, z. B. mündlich, mit 1-2-3-Karten für jeden Senior oder verschiedenen, zuvor festgelegten Standorten im Zimmer für jeweils eine Antwort. Letzteres bietet sich allerdings nur bei mobilen Senioren an.

→ **BILDERRÄTSEL** bestehen aus jeweils zwei Zeichnungen, die für zwei Nomen stehen. Durch das Zusammenfügen der beiden Wörter entsteht ein neuer Begriff, ein zusammengesetztes Nomen. Diese Lösungswörter, d. h. Grund- oder Bestimmungswörter, eignen sich gut, um weitere zusammengesetzte Nomen zu suchen.

# Im Frühling

## Rätselreime

### Im Frühling

Wenn der Schnee beginnt, zu tauen,
wenn die Vögel Nester bauen,
wenn die Bäume wieder sprießen
und wenn viele Menschen niesen,
dann hält er Einzug überall.
Wen mein ich wohl? Raten Sie mal!

Wie heißt das kleine Kätzchen,
hat weder Schwanz noch Tätzchen,
miauen kann es nicht,
hat auch kein Gesicht.
Es hängt am Baume dran
und lockt die Bienen an.

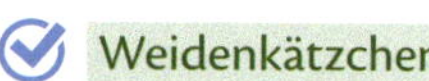


## Kesselreim

Es gibt Wörter, die gleich klingen,
doch sind sie Namen von zwei Dingen.
Ein Vogel ist der eine,
lang sind Hals und Beine.
Fliegen kann er leider nicht,
denn zu groß ist sein Gewicht.
Den andern kann sich jeder pflücken,
muss sich dazu mehrmals bücken,
auf schönen, grünen Frühlingswiesen,
wo viele bunte Blumen sprießen.

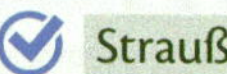

## 1-2-3-Ratefragen

**In welchem Monat ist niemals Frühling?**

1. Januar
2. April
3. Mai

✓ 1 Januar

**Welche Blume blüht nur im Frühling?**

1. Rose
2. Tulpe
3. Nelke

✓ 2 Tulpe

## Scherzfragen

→ Welcher Kuss erblüht nur im Frühling? ✓ Krokus

→ Welches Glöckchen kann nicht klingeln? ✓ Schneeglöckchen

**TIPP** Anschließend können Sie noch weitere Fragen stellen, wie z. B.:

→ Welchen Kuss kann ich Ihnen immer geben? ✓ Schokokuss

→ Welches Glöckchen kann bimmeln? ✓ Türglöckchen

→ …

## Wörterrätsel

**Welche Blumennamen sind hier durcheinandergeraten?**

| | |
|---|---|
| → becher – märzen | Märzenbecher |
| → zisse – nar | Narzisse |
| → blume – butter | Butterblume |
| → chen – gänse – blüm | Gänseblümchen |
| → mai – chen – glöck | Maiglöckchen |

*HINWEIS:*
*Weisen Sie die Senioren vor dem Raten darauf hin, dass zwei verschiedene Wörter gesucht werden, die sich reimen.*

## Buchstabenrätsel

| | |
|---|---|
| Ein **N** bauen die Vögel im Kastanienbaum. | Nest |
| Ein **F** feiern die Menschen draußen oder im Raum. | Fest |
| Den **S** legt der Mensch ins Feld oder ins Beet. | Samen |
| Einen **N** erhält jeder Mensch, wenn er lebt. | Namen |
| Auf der **W** wachsen Blumen und Gras. | Wiese |
| Der **R** sorgt im Märchen für Spaß. | Riese |

**TIPP** Suchen Sie eines oder mehrere Reimwörter aus und fordern Sie die Senioren auf, dazu passend weitere Reimwörter zu finden, z. B. Nest, Fest, Rest, Pest, Test, West …

## Bilderrätsel

 Vogelnest

## Bilderrätsel

Blumenvase

© froxx – Fotolia.com

© Dzha – Fotolia.com

# Im Sommer

## Rätselreime

### Im Sommer

Vielleicht haben Sie sie schon entdeckt,
im warmen Sommergras versteckt.
Sie zirpt und zirpt zu später Stunde
und hüpft im Gras so manche Runde.

Ich kenne eine Leckerei –
weder Bonbon noch Schokoei.
Die schmeckt allen, ob groß, ob klein,
und muss zuerst gefroren sein.
Ist es draußen schwül und heiß,
schmeckt's besonders, das kalte …

Sie ist heiß und kugelrund.
Sie erwacht zur Morgenstund.
Sie steigt am Himmel hoch empor
und scheint auf Augen, Nase, Ohr.

## Scherzfragen

- Wer verfolgt Sie ständig, wenn die Sonne scheint? — Schatten
- Mit welchem Bogen kann man nicht schießen? — Regenbogen
- Womit enden die Jahreszeiten Sommer und Winter? — mit dem Buchstaben „r“

## Wörterrätsel

**Welche Dinge im Picknickkorb sind hier durcheinandergeraten?**

- salat – kartoffel — Kartoffelsalat
- decke – nick – pick — Picknickdecke
- flasche – trink — Trinkflasche
- kuchen – laden – schoko — Schokoladenkuchen
- bär – gummi – chen — Gummibärchen

## 1-2-3-Ratefragen

**In welchem Monat ist niemals Sommer?**

1. Januar
2. Juli
3. August

1 Januar

**In welcher dieser Jahreszeiten ist es am zeitigsten hell und am spätesten dunkel?**

1. Sommer
2. Herbst
3. Winter

1 Sommer

**Wann findet jedes Jahr die Sommersonnenwende statt?**

1. am Anfang des Sommers
2. genau in der Mitte des Sommers
3. am Ende des Sommers

1 am Anfang des Sommers (immer am 20./21. oder 22. Juni)

# Rätselgeschichte

## Das seltsame Ding

Zwei Schnecken krochen über die Wiese am Badesee. Abends, wenn die Sonne unterging, war das für die beiden immer ein besonderes Erlebnis. Dann waren die Menschen wieder nach Hause gegangen, die sich mit ihren Decken auf der Wiese breitgemacht hatten. Nun gehörte die Wiese wieder den Tieren und es gab Interessantes zu entdecken: Dinge, die die Menschen verloren, vergessen oder einfach weggeworfen hatten.

Die zwei braunen Schnecken brauchten nicht lange zu suchen. Schon hatten sie etwas Ungewöhnliches gefunden, das nicht auf die Wiese gehörte.
„Sei vorsichtig!“, sagte die eine Schnecke. „Das könnte ein Igel sein.“
„Bist du sicher?“, fragte die andere, etwas mutigere Schnecke, und sah genauer hin. „Er bewegt sich aber überhaupt nicht.“
„Vielleicht schläft er“, überlegte die vorsichtige Schnecke.

Sie betrachteten das seltsame Ding noch eine Weile, doch es rührte sich nicht.
„Komm!“, sagte die mutige Schnecke. „Wir sehen uns das Ding aus der Nähe an.“
Und schon kroch sie los. Die vorsichtige Schnecke wartete ein bisschen und folgte dann im Schneckentempo.

*Schnecken: © Maksym Gorpenyuk (li.) und © rcfotostock (re.) – beide Fotolia.com*

„Du brauchst keine Angst zu haben“, rief die mutige Schnecke der anderen zu, als sie den Gegenstand erreicht hatte.
„Es ist kein Igel und auch sonst niemand, der uns auffressen will.“
Erleichtert kroch nun auch die vorsichtige Schnecke näher.
Sie meinte: „Es hat aber Ähnlichkeit mit einem Igel. Sieh dir die vielen Stacheln an!“
„Stimmt, aber schau mal, auf jedem Stachel sitzt eine kleine Kugel. Die Stacheln sind gar nicht spitz“, entgegnete die mutige Schnecke.
„Du hast Recht. Und hier sind gar keine Stacheln, hier ist es ganz glatt. Fühl mal!“

Die beiden Schnecken glitten hintereinander über den glatten, roten Griff.
„Oh, sehr angenehm. Wozu die Menschen dieses Ding wohl brauchen?“, wollte die mutige Schnecke wissen.
„Vielleicht kratzen sie sich damit, wenn es sie juckt.“
„Das könnte sein. An dem glatten Stück fassen sie es an und mit dem Stachelteil kratzen sie sich. Aber eigentlich ist das Quatsch. Die Menschen können sich doch mit ihren Fingern kratzen.“
„Stimmt!“, meinte die vorsichtige Schnecke.

Plötzlich bebte der Boden. Die Schnecken zogen schnell ihre Fühler ein.
Das mussten Schritte eines Menschen sein.
„Ich hab sie“, rief ein Mädchen mit langen Haaren. „Igitt, zwei Schnecken sitzen drauf.“
Das Mädchen setzte die Tiere mit spitzen Fingern in das Gras, nahm das Ding, wischte es mit einem Taschentuch ab und zog das Stachelteil immer wieder durch seine Haare. Erstaunt sahen die beiden Schnecken zu.
„Siehst du“, flüsterte die eine der anderen Schnecke zu. „Ich habe doch Recht gehabt. Sie kratzen sich damit den Kopf.“

 **Was haben die beiden Schnecken auf der Wiese entdeckt?**  Haarbürste

## Buchstabenrätsel

*HINWEIS:*
*Weisen Sie die Senioren vor dem Raten darauf hin, dass zwei verschiedene Wörter gesucht werden, die sich reimen.*

Im **S** gehe ich im Sommer baden.  See
Den **T** trinke ich an kalten Tagen.  Tee

Die **Gr** zirpt in dem Grase.  Grille
Die **Br** sitzt auf der Nase.  Brille

Eine **R** in den Urwald ist mein Traum.  Reise
Eine kleine **M** sitzt im Apfelbaum.  Meise

Auf einer **D** liege ich im Gras.  Decke
In der **H** haben Spatzen ihren Spaß.  Hecke

Auf der **F** leben viele Tiere.  Farm
Und **w** ist es, wenn ich nicht friere.  warm

Der **R** tropft und nass ich werde.  Regen
Ein **S** für das Leben auf der Erde.  Segen

**TIPP** Suchen Sie eines oder mehrere Reimwörter aus und fordern Sie die Senioren auf, dazu passend weitere Reimwörter zu finden, z. B. See, Tee, Klee, Fee, Schnee …

# Im Herbst

## Rätselreime

### Im Herbst

Wenn der Sturm durch Wälder saust,
wenn der Regen niederbraust,
wenn am Morgen Nebel wallen,
wenn die bunten Blätter fallen,
dann hält er Einzug überall.
Wen mein ich wohl? Raten Sie mal!

Auf einem weiten Feld
stehn Blumen herrlich gelb.
Ihre großen Köpfe nicken,
Vögel kommen schnell und picken
leckre Körner sich heraus.
Oh, das ist ein Festtagsschmaus.

Kartoffeln, die sind weltbekannt
und gibt es fast in jedem Land.
Man kann sie kochen, braten, dampfen
oder auch zu Mus zerstampfen.
Doch nun sind Sie mit Raten dran,
was man daraus machen kann:

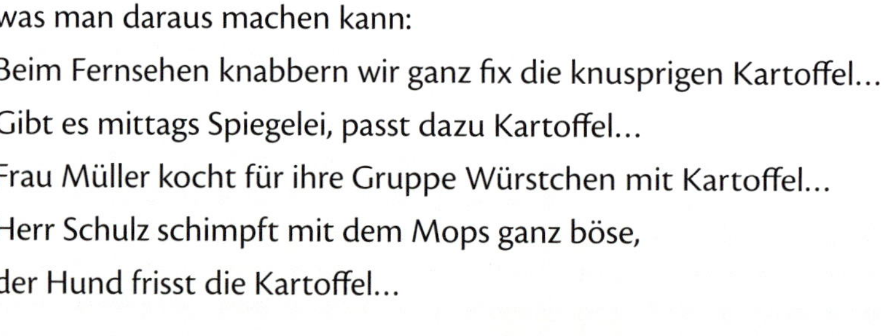

Beim Fernsehen knabbern wir ganz fix die knusprigen Kartoffel…
Gibt es mittags Spiegelei, passt dazu Kartoffel…
Frau Müller kocht für ihre Gruppe Würstchen mit Kartoffel…
Herr Schulz schimpft mit dem Mops ganz böse,
der Hund frisst die Kartoffel…

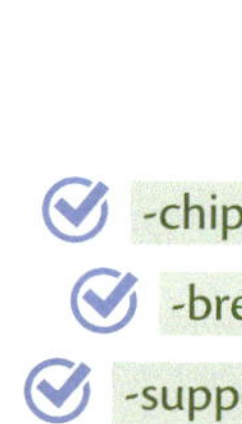

## Kesselrätsel

Es gibt Wörter, die gleich klingen,
doch sind sie Namen von zwei Dingen.
Jeder Baum trägt davon viele,
jedes hängt an einem Stiele.
Kommt der Herbst, werden sie bunter
und jedes fällt vom Baum herunter.
Das andere braucht man zum Malen,
zum Briefeschreiben oder Zahlen.
Man kann es kleben, reißen, falten
oder auch ein Bild gestalten.

Blatt

## Wörterrätsel

**Im Herbst können wir viele Früchte ernten und daraus leckere Speisen und Getränke zubereiten. Welche Wörter sind hier durcheinandergeraten?**

- mus – apfel — Apfelmus
- kom – birnen – pott — Birnenkompott
- bis – kür – suppe — Kürbissuppe
- kuchen – pflaumen — Pflaumenkuchen
- tee – butten – hage — Hagebuttentee

## Scherzfragen

→ Welcher Pilz kann fliegen? — Fliegenpilz
→ Welcher Pilz ist hart wie Stein? — Steinpilz
→ Welcher Pilz wächst an den Füßen? — Fußpilz

## 1-2-3-Ratefragen

**? Welche Frucht reift nur im Herbst?**

1. Erdbeere
2. Birne
3. Kirsche

2 Birne

**? In welchem Monat ist niemals Herbst?**

1. Februar
2. September
3. Oktober

1 Februar

HINWEIS:
*Weisen Sie die Senioren vor dem Raten darauf hin, dass zwei verschiedene Wörter gesucht werden, die sich reimen.*

## Buchstabenrätsel

Der **W** braust über Stadt und Land.

Das **K** spielt gern im Sand.

Der **Dr** fliegt im Wind.

Und **l** tut das Kind.
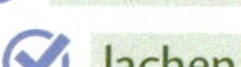


Auf dem **F** wächst der Roggen. — Feld
Mit **G** kauft man Socken.

## Rätsellied

*Nach der Melodie von „Liebe Schwester, tanz mit mir“*

Liebe Leute, ratet mal!
Grün ist meine Stachelschal’.
Platz ich auf, sehn Sie hin,
ist eine braune Kugel drin.

Kastanie

Liebe Leute, ratet mal!
Häng am Baum in großer Zahl.
Alle sammeln mich gern ein
und tragen mich zum Basteln heim.

Liebe Leute, ratet mal!
Vorsicht bei der richt’gen Wahl:
Essbar: ja! Giftig nein,
darf er in den Korb hinein.

**TIPP** Breiten Sie einige Naturmaterialien auf dem Tisch aus. Geben Sie den Senioren die Materialien in die Hände und lassen Sie sie die mitgebrachten Gegenstände benennen. Danach können Sie das Lied „Liebe Schwester, tanz mit mir“ zur Einstimmung auf das Rätsel zunächst summen.

## Bilderrätsel

Regenjacke

© mimadeo – Fotolia.com

© Roman Sigaev – Fotolia.com

© Verlag an der Ruhr | Autorin: Ute Schröder | ISBN 978-3-8346-3770-3 | www.verlagruhr.de

## Bilderrätsel

 Apfelkuchen

© Dionisvera – Fotolia.com

© Gina Sanders – Fotolia.com

# Im Winter

## 1-2-3-Ratefragen

**In welchem Monat ist niemals Winter?**

1. Januar
2. Februar
3. April

**3** April

**Bei welcher Temperatur gefriert Wasser zu Eis?**

1. + 20 °C
2. 0 °C
3. – 20 °C

**2** 0°C

**Welches Tier hält keinen Winterschlaf?**

1. Igel
2. Fledermaus
3. Fuchs

**3** Fuchs

## Scherzfragen

→ Welche Mütze tragen Hunde? — Pudelmütze

→ Welchen Ball kann man nur im Winter werfen?

**TIPP** Fragen Sie die Senioren, welche Mützen und Bälle sie noch kennen, z. B. Fellmütze, Kochmütze …; Fußball, Gummiball …

# Rätsellied

*Nach der Melodie von „Ein Männlein steht im Walde“*

Ein Mann steht vor dem Hause,
ganz still und stumm,
mit einer Möhrennase,
die ist ganz krumm.
Wer mag dieser Mann wohl sein,
schmilzt dahin im Sonnenschein,
schmilzt dahin im warmen Sonnenschein.

 Schneemann

Ein Blümchen wächst am Fenster,
ganz still und leis.
Seine zarten Blätter,
die sind ganz weiß.
Wie man wohl die Blume nennt,
die man nur im Winter kennt,
die man nur im kalten Winter kennt.

 Eisblume

## Buchstabenrätsel

HINWEIS:
*Weisen Sie die Senioren vor dem Raten darauf hin, dass zwei verschiedene Wörter gesucht werden, die sich reimen.*

Das **T** wärmt den Hals im Winter. — Tuch
Im **B** blättern die Kinder. — Buch

Der **Schn** fällt bei kaltem Wetter. — Schnee
Der grüne **Kl** hat drei Blätter. — Klee

Auf dem **B** treiben Eisschollen. — Bach
Auf dem **D** drei Spatzen tollen. — Dach

## Wörterrätsel

**Welche Wörter sind hier durcheinandergeraten?**

- schuh – lauf – schlitt — Schlittschuhlauf
- berg – rodel — Rodelberg
- schlacht – ball – schnee — Schneeballschlacht
- hockey – eis — Eishockey
- an – winter – fang — Winteranfang
- beulen – frost — Frostbeulen
- zeug – fahr – streu — Streufahrzeug
- an – ski – zug — Skianzug

**TIPP** Fordern Sie die Senioren auf, andere Wintersportarten zu nennen, z. B. Eiskunstlauf, Skispringen usw., und machen Sie daraus gemeinsam Quatschwörter, indem Sie die Wortteile miteinander vertauschen.

## Bilderrätsel

 Handschuh

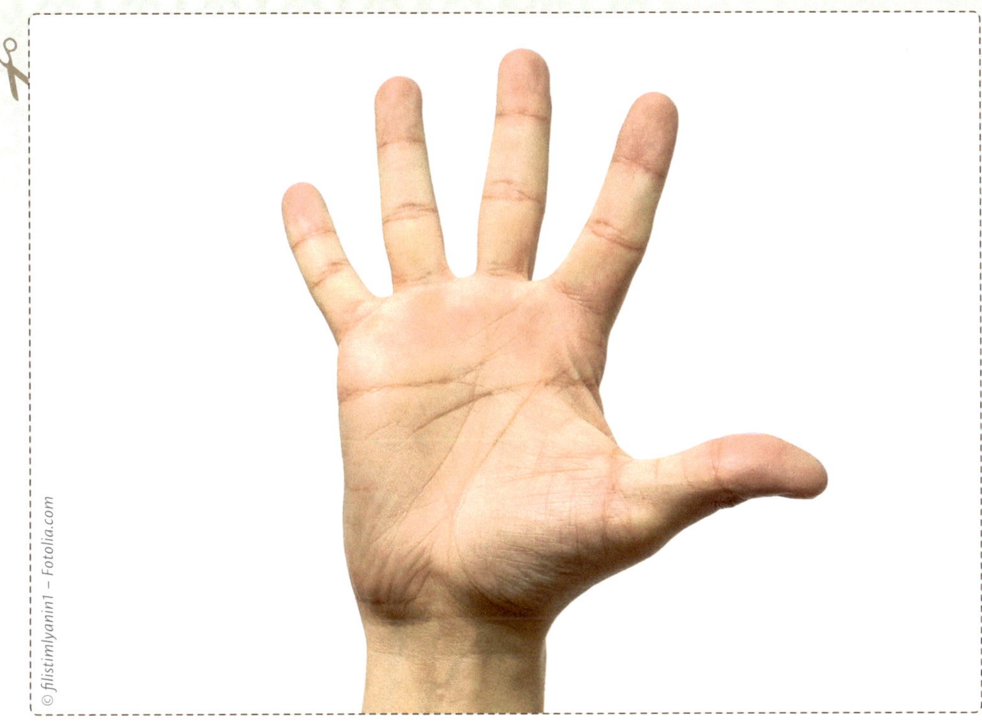
© flistimlyanin1 – Fotolia.com

© Wojtek – Fotolia.com

## Bilderrätsel

✓ Eiszapfen

© unpict – Fotolia.com

© schankz – Fotolia.com

# In der Osterzeit

## Ratereimgeschichte

HINWEIS:
*Lassen Sie beim Vorlesen die gekennzeichneten Reimwörter weg. Bitten Sie die Senioren, die fehlenden Wörter zu ergänzen.*

Oh, wie schön, zum Osterfest
fand Marie ein Osternest.
Vier Ostereier darin lagen.
In welchen Farben woll'n Sie fragen?
Das können Sie sogleich erkennen
und mir dann die Farben nennen:

Wie die Tomat' zum Abendbrot
so ist das erste feuer... ✓ -rot

Das zweite fand Marie sehr nett,
denn es war pink und ... ✓ violett

Nummer drei, man glaubt es kaum,
wie Schokolade ist's, so ... ✓ braun

Wie die Wiese, wo Blumen blühn,
so ist das letzte, herrlich ... ✓ grün

## Scherzfragen

- Welcher Hase schmilzt in der Sonne und hinterlässt einen braunen Fleck? ✓ Schokoladenhase
- Wie viele Eier legt ein Hase täglich? ✓ keine

## Kesselrätsel

Es gibt Wörter, die gleich klingen,
doch sind sie Namen von zwei Dingen.
Auf dem Kopf hat sie der Hase,
nicht die Augen, nicht die Nase.
Damit hört er wunderbar
und reißt aus bei Gefahr.
Den andern gibt es groß und klein,
er taucht gern in die Suppe ein,
rührt sie um und führt sie dann
an Ihren roten Mund heran.

Löffel

## Ratefragen

- Ostern ist ein kirchliches Fest.
  Was feiern wir an den Osterfeiertagen?

  Auferstehung Jesu Christi

- Warum versteckt der Osterhase
  die Eier und nicht zum Beispiel
  das Osterschwein oder das Osterhuhn?

  Der Osterhase ist seit Jahrhunderten ein Fruchtbarkeitssymbol. Die Hasen gehören zu den ersten Tieren, die jedes Jahr im Frühling, zur Osterzeit, ihren Nachwuchs bekommen.

- Warum wird in vielen Orten jedes Jahr
  zu Ostern ein Osterfeuer entfacht?

  Das Osterfeuer ist eine jahrhundertealte Tradition, bei der die bösen Wintergeister vertrieben und der Frühling begrüßt werden.

## Buchstabenrätsel

HINWEIS:
*Weisen Sie die Senioren vor dem Raten darauf hin, dass zwei verschiedene Wörter gesucht werden, die sich reimen.*

Das **L** wird zu Ostern vom Schaf geboren. — Lamm
Den **K** hat der Friseur verloren. — Kamm

Der **H** ist ängstlich, hat wenig Mut. — Hase
Mit der **N**, da riecht man gut. — Nase

Das **F** des Hasen ist braun und weich. — Fell
Und **h** wird's nach der Nacht sogleich. — hell

## Wörterrätsel

**Welche Ostereier sind hier durcheinandergeraten?**

- mar – ei – zipan — Marzipanei
- laden – schoko – ei — Schokoladenei
- nu – ei – gat — Nugatei
- ei – hühner — Hühnerei
- über – ei – raschungs —  Überraschungsei

**TIPP** Die Lösungswörter eignen sich auch gut, um Wortketten zu bilden, z. B. Überraschungsei, Eiersalat, Salatschüssel …

# Rätselgeschichte

## Die Hasen Pitt und Patt

Die beiden Hasen Pitt und Patt tobten über das Feld und spielten Verstecken. Nach einer ganzen Weile hatten die beiden genug davon. Sie machten es sich in einer Erdkuhle bequem und kuschelten sich aneinander.

„Ich habe Hunger“, sagte Pitt, als sein Magen grummelte.

„Lass uns zu unserer Wiese hüpfen“, schlug Patt vor.

„Ich habe eine bessere Idee!“, rief Pitt. Patt sah seinen Hasenfreund an und wartete.

Pitt flüsterte: „Wir schleichen in die Gärten. Da wachsen Möhren und Salat. Ich will nicht schon wieder Gras fressen!“

Patt wackelte aufgeregt mit seinen Ohren.
„Bist du verrückt? Es ist gefährlich hinter dem Zaun!"
Pitt schniefte und stellte sich auf seine Hinterpfoten:
„Ich habe keine Angst. Ich bin schnell wie der Wind. Ich schnappe mir eine Möhre und schon bin ich wieder weg!"
Patts Schwänzchen wackelte unruhig hin und her. Noch bevor er etwas sagen konnte, um seinen Freund davon abzuhalten, war dieser losgehoppelt.
„Du kannst ruhig hier warten, du Angsthase. Ich bring dir was mit", rief Pitt über die Schulter und schon war er verschwunden.
Patt rollte sich in der Kuhle ein und tat das, was sein Freund ihm gesagt hatte: Er wartete. Die Zeit verging langsam. Sehr, sehr langsam. Patt streckte immer wieder die Nase nach oben und spitzte die Ohren. Nichts. Nichts zu sehen. Nichts zu hören. Wenn Pitt nun nicht zurückkam?

„Buh!", machte es da hinter Patt und er fuhr erschrocken hoch. Gleichzeitig war er erleichtert, dass Pitt wieder da war. Von dem Schrecken erholt, fragte Patt:
„Und? Wie war's?"
„Keine Möhren, kein Salat", antwortete Pitt enttäuscht.
„Warst du überhaupt hinter dem Zaun?", fragte Patt ungläubig.
„Selbstverständlich", protestierte Pitt. „Ich bin am Zaun entlanggeschlichen, bis ich einen Eingang fand. Es war kein Mensch zu sehen und im Haus war es still. Also hab ich mir alles angesehen, was bei den Menschen im Garten wächst. Es waren keine Möhren zu finden, nur Gras, Blumen und ein Beet mit seltsamen Gewächsen.
„Wie sah so ein Gewächs aus?", fragte Patt neugierig.
„Es war eine hellgrüne Kugel, die auf der Erde wuchs. An der Kugel waren lange hellgrüne Stängel mit großen, saftigen, dunkelgrünen Blättern daran. Ich wollte mir gerade eine dieser Kugeln aus der Nähe ansehen, da kam ein Mensch mit einem Messer in der Hand. Er packte eine dieser Kugeln mit einer Hand und zog daran.
„Und? Und?", fragte Patt aufgeregt.

„Da kam die lange Wurzel zum Vorschein und der Mensch schnitt sie ab. Und dann, du wirst es nicht glauben, knickte er die Stängel mit den leckeren Blättern ab und ließ sie einfach auf die Erde fallen."

„Was? Die leckeren Blätter?"

„Ja, ja", erzählte Pitt aufgeregt weiter. „Danach schnitt er mit seinem Messer die hellgrüne Schale der Kugel ab und ließ sie auch einfach fallen. Darin war die Kugel weiß. Der Mensch schnitt sich davon eine Scheibe ab und hat sie gegessen."

„Wirklich?", staunte Patt.

„Wirklich und es schien ihm sehr zu schmecken. Er hat die ganze Kugel aufgegessen und es knackte und schnurpste nur so wie bei einer Möhre."

„Mmh, das war bestimmt lecker", schwärmte Patt.

„Das glaube ich auch. Weißt du was? Wenn es dunkel wird, schleichen wir uns noch einmal hin. Auf dem Beet wachsen noch viele andere von diesen Kugeln."

„Meinst du?", fragte Patt ängstlich.

„Du hast doch Hunger? Und du willst doch auch wissen, wie die grüne Kugel schmeckt?", meinte Pitt.

„Ja", sagte Patt schon mutiger.

„Du hast Recht, zum Abendessen gibt es grüne Kugeln."

Die beiden Hasen hoppelten voller Vorfreude über das Feld.

 **Was hatte Pitt im Garten entdeckt? Wissen Sie es?**  Kohlrabi

# Bilderrätsel

Eierkorb

© StockPhotosArt – Fotolia.com

© womue – Fotolia.com

# Bilderrätsel

Hasenohr

© Anatolii – Fotolia.com

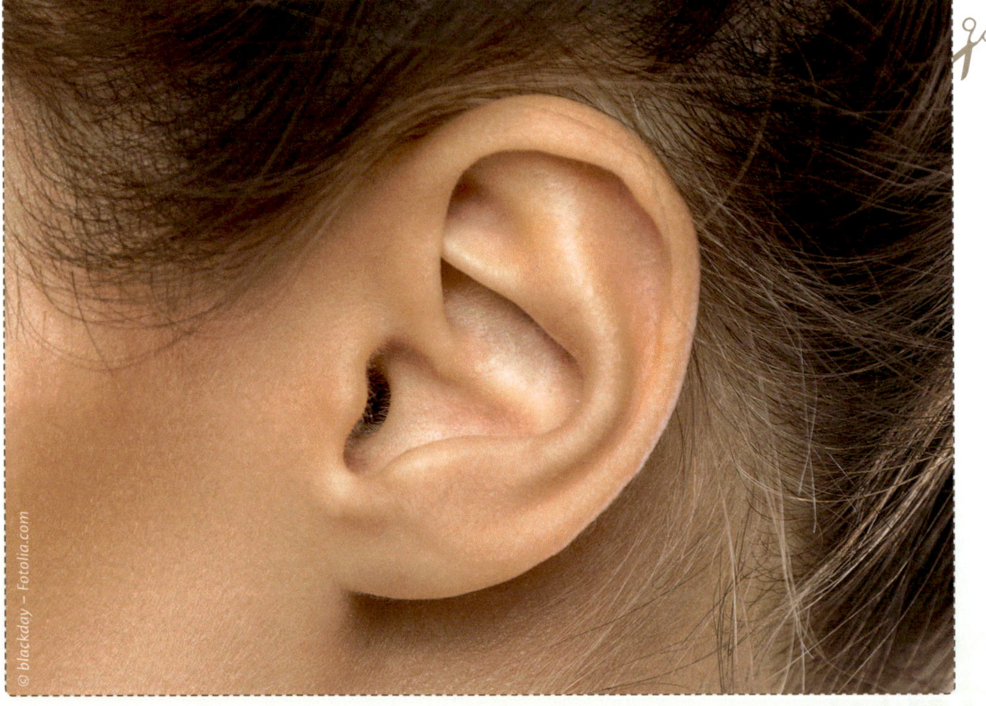
© blackday – Fotolia.com

# In der Weihnachtszeit

## Rätselreime

Wenn die Mütter Plätzchen backen,
wenn die Väter Nüsse knacken,
wenn die Kinder Wünsche haben,
hoffen auf die schönsten Gaben,
dann, liebe Leute, ist's so weit:
Dann beginnt die …

Er trägt einen weißen Bart.
Er mag Schuhe aller Art.
Doch sauber sollten sie schon sein,
sonst steckt er nur Kohlen rein.

Ihn braucht der liebe Weihnachtsmann,
dass er Geschenke bringen kann.
Er trägt ihn meistens huckepack.
Wen mein ich wohl? Vielleicht den …?

Er hat ein fahrendes Gespann,
der liebe, gute Weihnachtsmann.
Acht starke Helfer, mit viel Fleiß,
ziehen es durch Schnee und Eis.
Wie könnten diese Tiere heißen,
die ihre Treue stets beweisen?

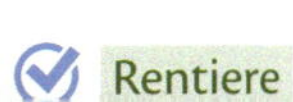

## Kesselreim

Es gibt Wörter, die gleich klingen,
doch sind sie Namen von zwei Dingen.
Die eine muss man zuerst knacken.
Man kann sie essen und damit backen.
Die anderen sind bestenfalls
in Ihrem und in meinem Hals.

Mandeln

*HINWEIS:*
*Weisen Sie die Senioren vor dem Raten darauf hin, dass zwei verschiedene Wörter gesucht werden, die sich reimen.*

## Buchstabenrätsel

Die knackige **N** isst man zur Weihnachtszeit. — Nuss
Einen lieben **K** gibt man jederzeit. — Kuss

Das **Pl** wird mit Streuseln verziert. — Plätzchen
Das **K**, das schnurrt ganz ungeniert. — Kätzchen

Den leckeren **St** kann man zu Weihnachtszeiten kaufen. — Stollen
Und **r** können die Räder, will man mal nicht laufen. — rollen

**TIPP** Suchen Sie ein oder mehrere Reimwörter aus und fordern Sie die Senioren auf, weitere Reimwörter zu finden, z. B. Stollen, rollen, sollen, wollen, tollen, Pollen …

## Ratefragen

→ Weihnachten ist ein kirchliches Fest.
Was feiern wir an den Feiertagen eigentlich? ✓ Geburt Christi

→ An welchem Datum ist Heiligabend? ✓ 24. Dezember

## Wörterrätsel

**Was sind das für Weihnachtsgeschenke?**

→ band – uhr – arm ✓ Armbanduhr
→ buch – aus – mal ✓ Ausmalbuch
→ zeug – werk – kasten ✓ Werkzeugkasten
→ fahr – klingel – rad ✓ Fahrradklingel
→ putz – tuch – brillen ✓ Brillenputztuch

## Scherzfrage

→ Welchen Stern muss man gießen, damit er rot erstrahlt? ✓ Weihnachtsstern

**TIPP** Fragen Sie die Senioren nach dem Aussehen der Pflanze oder beschreiben Sie selbst den Weihnachtsstern. Vielleicht haben Sie sogar ein echtes oder unechtes Exemplar in Ihrer Einrichtung und können den Senioren die Pflanze zeigen.

Christstern: © Smileus – Fotolia.com

# Rätsellied

*Nach der Melodie von „Oh, es riecht gut“*

Oh, was ist das? Oh, was ist das?
Es hängt am Baum und ist aus Glas.
Unten ist ein Faden dran,
dass man damit bimmeln kann.
Oh, was ist das? Oh, was ist das?

Glöckchen

Oh, was ist das? Oh, was ist das?
Sie leuchten hell und sind aus Wachs.
Zündet man sie alle an,
wie der Baum dann strahlen kann.
Oh, was ist das? Oh, was ist das?

Kerzen

Oh, was ist das? Oh, was ist das?
Ist aus Papier, Stroh oder Bast.
Es sind viele Zacken dran,
mancher auch noch leuchten kann.
Oh, was ist das? Oh, was ist das?

Stern

**TIPP** Fragen Sie die Senioren nach weiterem Schmuck, der am Weihnachtsbaum hängen kann.



Strohstern: © malachy120 – Fotolia.com

## Bilderrätsel

© Björn Wylezich – Fotolia.com

© eyetronic – Fotolia.com

# Bilderrätsel

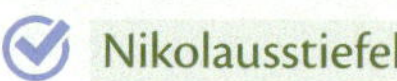

# In der Faschingszeit

## *Ratereimgeschichte*

*HINWEIS:*
*Lassen Sie beim Vorlesen die gekennzeichneten Reimwörter weg. Bitten Sie die Senioren, die fehlenden Wörter zu ergänzen.*

Hurra, hurra, es ist so weit,
endlich ist es Faschingszeit.
Jeder zieht sich etwas an.
Die Party nun beginnen kann.

Sie winkt mit ihrer Tatze.
Sie ist eine Mieze... -katze

Sie fliegt zuerst ums Haus.
Sie ist eine Fleder... -maus

Er zeigt uns, was er kann.
Er ist unser Super... -mann

Der mit dem roten Hut aus Filz
ist ein giftiger Fliegen... -pilz

Sie verzieht keine Miene.
Sie summt herum als Honig... -biene

Er kommt mit Helm und Leiter.
Er ist ein Bau... -arbeiter

Die Uniform verrät's er ist:
ein schneidiger Verkehrs... -polizist

Hurra, hurra, es ist soweit,
endlich ist es Faschingszeit.

## Kesselrätsel

Es gibt Wörter, die gleich klingen,
doch sind sie Namen von zwei Dingen.
Das eine, das ist groß, aus Stein.
Es ist des Königs Eigenheim.
Das andere ist ziemlich klein.
Ein Schlüssel passt genau hinein.

## Wörterrätsel

**Nach dem Faschingsfest sind ein paar Sachen liegen geblieben. Welche sind durcheinandergepurzelt?**

- besen – hexen

- klappe – augen – piraten

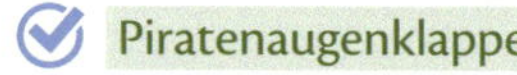


- umhang – zauber

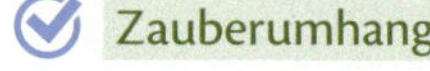


- käfer – kleid – marien

Marienkäferkleid

- stiefel – cowboy

Cowboystiefel

## Rätsellied

*Nach der Melodie von „Ich bin ein Musikante“*

*HINWEIS:*
*Lassen Sie beim Vorsingen das in Klammern stehende Lösungswort weg und ersetzen Sie es durch Klatschen im Takt oder ein anderes Geräusch.*

Ich bin ein starker [ Ritter ] und komm zum Faschingsfest.
Ich bin ein starker [ Ritter ] und komm zum Faschingsfest.
Ich kann kämpfen, ganz toll kämpfen.
Ich kann reiten, ganz toll reiten.

Wer bin ich denn? Wer bin ich denn?
Wer kommt zum Faschingsfest?

Ich bin ein kleines [ Mäuschen ] und komm zum Faschingsfest.
Ich bin ein kleines [ Mäuschen ] und komm zum Faschingsfest.
Ich kann tippeln, ganz leis tippeln.
Ich kann piepsen, ganz leis piepsen.

Wer bin ich denn? Wer bin ich denn?
Wer kommt zum Faschingsfest?

Ich bin die böse [ Hexe ] und komm zum Faschingsfest.
Ich bin die böse [ Hexe ] und komm zum Faschingsfest.
Ich kann hexen, ganz toll hexen.
Ich kann zaubern, ganz toll zaubern.

Wer bin ich denn? Wer bin ich denn?
Wer kommt zum Faschingsfest?

Ich bin ein bunter [✓ Clown ] und komm zum Faschingsfest.
Ich bin ein bunter [✓ Clown ] und komm zum Faschingsfest.
Ich kann blödeln, ganz schön blödeln.
Ich kann lachen, ganz schön lachen.

Wer bin ich denn? Wer bin ich denn?
Wer kommt zum Faschingsfest?

Ich bin ein wilder [✓ Löwe, Tiger ] und komm zum Faschingsfest.
Ich bin ein wilder [✓ Löwe, Tiger ] und komm zum Faschingsfest.
Ich kann brüllen, ganz gut brüllen.
Ich kann jagen, ganz gut jagen.

Wer bin ich denn? Wer bin ich denn?
Wer kommt zum Faschingsfest?

## Scherzfragen

- Welches Kostüm kann man nicht sehen? ✓ Gespensterkostüm
- Was ist schwerer: ein Kilogramm Luftschlangen oder ein Kilogramm Goldmünzen? ✓ keines, ein Kilogramm ist ein Kilogramm
- Was ist mitten in der Fastnacht? ✓ Das „n“

## Buchstabenrätsel

HINWEIS:
Weisen Sie die Senioren vor dem Raten darauf hin, dass zwei verschiedene Wörter gesucht werden, die sich reimen.

Der **K** trägt eine weiße Mütze.
Das **L** wird bei Regen zu 'ner Pfütze.

Koch
Loch

In einem **H** sammelt der Spielmann Geld.
Und großen **M** hat nur ein Held.

Hut
Mut

Ein **H** bellt laut zum Faschingsfest.
Ein **M**, der sich gut küssen lässt.

Hund
Mund

## Ratefragen

→ Wer kennt ein anderes Wort für „Fasching"?

Karneval, Narrenzeit, Fastnacht

→ Wer weiß, wie die drei tollen Faschingstage heißen?

Rosenmontag, Fastnacht-/Veilchendienstag – je nach Region gehören auch Altweiber, Nelkensamstag und Tulpensonntag dazu

→ Was ist der Ursprung der Faschingszeit?

Als Fasching oder Karneval bezeichnet man die Bräuche, mit denen die Zeit vor der Fastenzeit ausgelassen gefeiert wird. Die Fastenzeit beginnt mit dem Aschermittwoch.

→ Wie bezeichnet man die Personen, die in den Karnevalshochburgen aktiv sind?

Jecken

## Bilderrätsel

Hexennase

© Jaroon Ittiwannapong – Fotolia.com

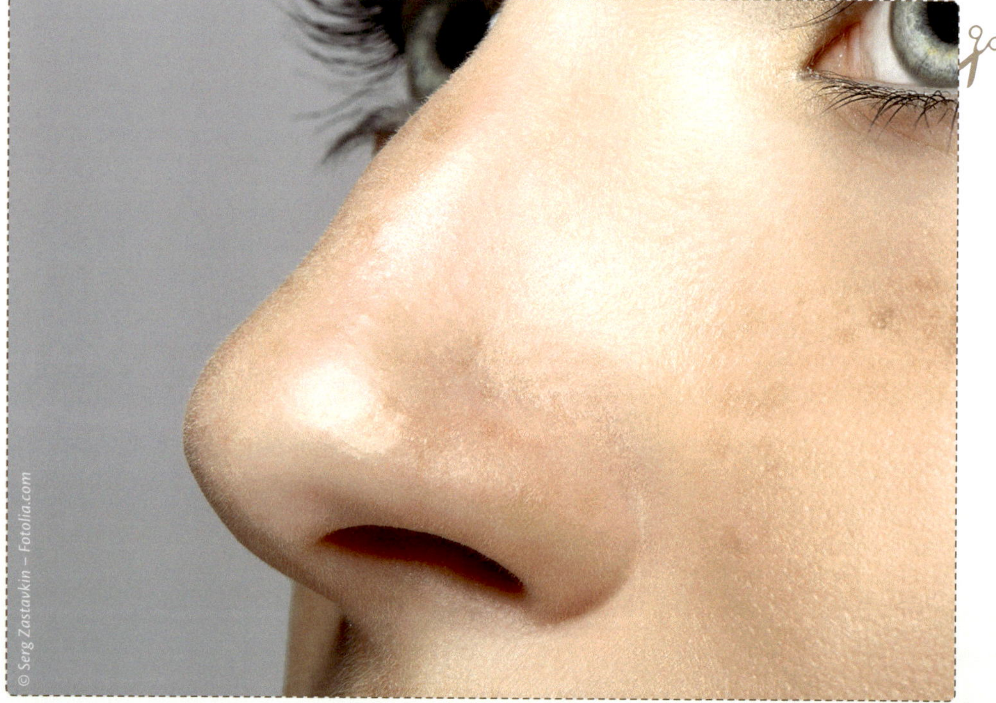

© Serg Zastavkin – Fotolia.com

## Bilderrätsel

 Vampirzähne

© hues – Fotolia.com

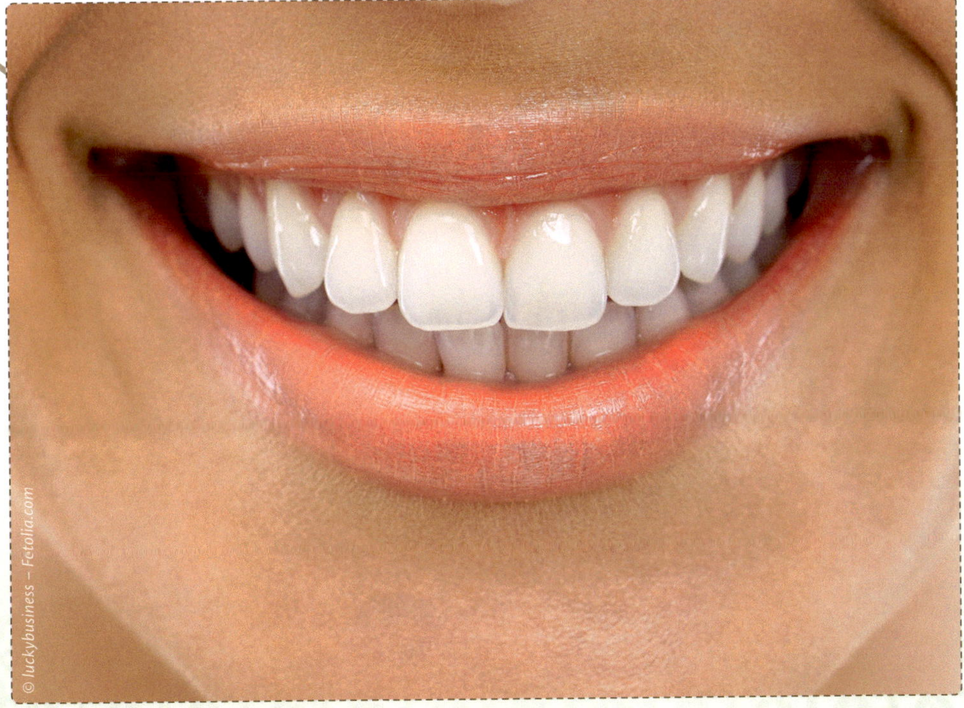
© luckybusiness – Fotolia.com

# Zum Geburtstag

## Kesselrätsel

Es gibt Wörter, die gleich klingen,
doch sind sie Namen von zwei Dingen.
Die eine ist aus Stoff gemacht
und für den feinen Herrn gedacht.
Zum Geburtstag, für ein paar Stunden,
wird sie um den Hals gebunden.
Die andere ist schwarz und klein,
fliegt gern in jede Stube rein.
Mit ihren Flügeln summt sie dann
und ärgert Sie, wenn sie es kann.

## 1-2-3-Ratefrage

**Wie alt sind die ältesten Menschen der Welt?**

1. zwischen 50 und 60
2. zwischen 80 und 90
3. zwischen 110 und 120

 3 zwischen 110 und 120



*Stubenfliege: © Alekss – Fotolia.com*

# Buchstabenrätsel

HINWEIS:
*Weisen Sie die Senioren vor dem Raten darauf hin, dass zwei verschiedene Wörter gesucht werden, die sich reimen.*

**Was sind das für Geschenke?**

## *Einfache Variante:*

Die weißen **Gar** hängen vor der Scheibe. – Gardinen

Die süßen **Pra** schenk ich Mareike.

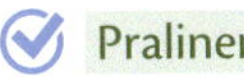


Die **R** duftet herrlich im Blumenbeet.

Die **H** zieht man an, wenn man geht. – Hose

Eine **Sch** zieht man zum Putzen an.

Die **G** kommen an die Suppe dran.

## *Schwierige Variante:*

Die **G** schützen uns vor fremden Blicken.

Die süßen **P** sorgen für Entzücken.

Die **R** stellt man in eine schöne Vase.

Die **H** bedeckt die Beine, nicht die Nase.

Eine **Sch** tragen Hausfrau oder Bäcker.

Die **G** machen das Essen lecker. – Gewürze

Stubenfliege: © Alekss – Fotolia.com

## Scherzfragen

- Welche Süßigkeit kann bellen? — Kalter Hund
- Welche Kerze gehört nicht auf die Geburtstagstorte? — Zündkerze

## Wörterrätsel

**Zur Geburtstagsfeier herrscht großer Trubel.**
**Welche Wörter sind dabei durcheinandergeraten?**

- kuchen – pfann
- ballon – luft
- pa – schenk – ge – pier
- strauß – men – blu
- ko – scho – lade

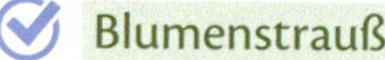


Schokolade

Ballon: © LeS – Fotolia.com

# Rätsellied

*Nach der Melodie von „Kommt ein Vogel geflogen“*

Kommt ein Teller geflogen,
darauf eine Leckerei,
schmeckt nach Zucker und Creme,
Kerzen sind auch dabei.

Torte

Kommt ein Päckchen geflogen,
setzt sich nieder auf das Bett.
Eine Gabe von jemand,
der findet Sie nett.

Kommt ein Ding angeflogen,
voller Luft, rund und prall.
Pickt man ihn mit der Nadel,
platzt er mit lautem Knall.

Ballon: © LeS – Fotolia.com

# Bilderrätsel

✓ Kaffeemühle

© Natika – Fotolia.com

© Mark Scott – Fotolia.com

© Verlag an der Ruhr | Autorin: Ute Schröder | ISBN 978-3-8346-3770-3 | www.verlagruhr.de

## Bilderrätsel

 Taschenuhr

© Nataliia – Fotolia.com

© tuja66 – Fotolia.com

© Verlag an der Ruhr | Autorin: Ute Schröder | ISBN 978-3-8346-3770-3 | www.verlagruhr.de

# Es war einmal …

## Ratereimgeschichte

HINWEIS:
*Lassen Sie beim Vorlesen die gekennzeichneten Reimwörter weg. Bitten Sie die Senioren, die fehlenden Wörter zu ergänzen.*

Wir reisen jetzt ins Märchenland
und wem ein Märchen wohlbekannt,
der ruft es laut und deutlich rein
und alle stimmen darin ein.

Auf einer kleinen Straße
begegnet uns Zwerg …

Mit einem Turban und viel Schmuck
grüßt uns freundlich der Kleine …

Auf einem Federbett aus Wolle
schläft ganz friedlich die Frau …

Aus dem Meer, stürmisch und blau,
winkt die kleine …

Mit einer Nadel, winzig klein,
näht das tapfere …

Und vor uns, nur ein kleines Stück,
reitet stolz der Hans im …

## Kesselrätsel

Es gibt Wörter, die gleich klingen,
doch sind sie Namen von zwei Dingen.
Die eine ist ein langer Tisch,
darauf stehn Pute, Ente, Fisch.
Der König lädt die Gäste ein,
die nehmen daran Platz, ganz fein.
Die andere gibt's in der Schule.
Mit Kreide schreibt darauf die Jule
oder auch der Lehrer Schneck
und mit dem Schwamm wischt er es weg.

 Tafel

Schultafel: © PhotoSG – Fotolia.com

## Ratefragen

**Wer gern Märchen hört, kann sich an viele Worte, die die Märchenfiguren gesagt haben, erinnern. Wer hat die folgenden Sätze gesagt und wie heißen die dazugehörigen Märchen?**

→ „Wovon sollt' ich satt sein?
Ich sprang nur über Gräbelein und
fand kein einzig Blättelein."

Ziege aus „Tischlein deck dich"

→ „Der Wind, der Wind,
das himmlische Kind."

Hänsel aus „Hänsel und Gretel"

→ „Sesam, öffne dich!"

Ali Baba aus „Ali Baba und die vierzig Räuber"

Aladins Wunderlampe: © Bizroug – Fotolia.com

→ „Spieglein, Spieglein an der Wand, wer ist die Schönste im ganzen Land?“ — ✓ Königin aus „Schneewittchen“

→ „Die guten ins Töpfchen, die schlechten ins Kröpfchen.“ — ✓ „Aschenputtel“

→ „Schön Hühnchen, schön Hähnchen und du, schöne bunte Kuh, was sagst du dazu?“ — ✓ Alter Mann aus „Das Waldhaus“

→ „Wer hat auf meinem Stühlchen gesessen? Wer hat von meinem Tellerchen gegessen?“ — ✓ Zwerge aus „Schneewittchen“

→ „Ich schleife die Schere und drehe geschwind und hänge mein Mäntelchen nach dem Wind.“ — ✓ Scherenschleifer aus „Hans im Glück“

→ „Kein Steg und keine Brücke. Nimm uns auf deinen Rücken.“ — ✓ Gretel aus „Hänsel und Gretel“

→ „Bäumchen rüttel dich und schüttel dich, wirf Gold und Silber über mich!“ — ✓ „Aschenputtel“

→ „Herbei, herbei! Gekocht ist der Brei.“ — ✓ Frau Ahavzi aus „Der kleine Muck“

→ „Kikeriki, unsere goldene Jungfrau ist wieder hie.“ — ✓ Hahn aus „Frau Holle“

→ „Ruckedigu, ruckedigu, Blut ist im Schuh.“ — ✓ Tauben aus „Aschenputtel“

# 1-2-3-Ratefragen

**Was holt der Froschkönig für die Prinzessin aus dem Brunnen?**

1. den silbernen Löffel
2. die goldene Kugel
3. das rote Kleid

2 die goldene Kugel

**Was frisst der Wolf, um eine helle Stimme wie die Geißenmutter zu bekommen?**

1. Kreide
2. Hustenbonbon
3. Eis

1 Kreide

**Was schenkt die Müllerstochter Rumpelstilzchen beim ersten Mal, damit er ihr Stroh zu Gold spinnt?**

1. ihr erstes Kind
2. eine Kette
3. einen Ring

3 einen Ring

**Welche Vögel helfen Aschenputtel beim Sortieren der Linsen?**

1. Raben
2. Tauben
3. Spatzen

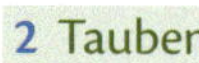

2 Tauben

Taube: © fotomaster – Fotolia.com

## Wörterrätsel

**Welche Wörter sind hier durcheinandergeraten?**

- ständer – kerzen
- band – juwelen – arm
- leuchter – kron
- spange – diamanten – haar
- schüssel – suppen

Kerzenständer
Juwelenarmband
Kronleuchter
Diamantenhaarspange
Suppenschüssel

*HINWEIS:
Weisen Sie die Senioren vor dem Raten darauf hin, dass zwei verschiedene Wörter gesucht werden, die sich reimen.*

## Buchstabenrätsel

Die Goldmarie begrüßt der **H** .
Der Froschkönig hat keinen **Z** .

Der **Zw** trägt einen spitzen Hut.
Auf den **B** zu klettern, braucht viel Mut.

Den süßen **W** trinkt der König zum Abendmahl.
Den schweren **St** zu heben, ist eine Qual.

Hahn
Zahn
Zwerg
Berg
Wein
Stein

**TIPP** Suchen Sie ein oder mehrere Reimwörter aus und fordern Sie die Senioren auf, weitere Reimwörter zu finden, z. B. Wein, Stein, Bein, sein, dein, fein ...

# Bilderrätsel

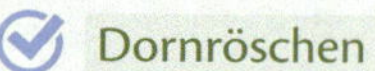

© Fotolyse – Fotolia.com

© Ev Thomas – Fotolia.com

# Bilderrätsel

Der Wolf und die sieben Geißlein

# Auf hoher See

## Rätselreime

Was gleitet übers Meer
zu Ländern kreuz und quer,
wird nur vom Wind getrieben,
fast so, als könnt es fliegen? ✓ Segelschiff

Kennen Sie den einen Ort?
Jedes Schiff hat ihn an Bord.
Dort wird gekocht und auch gebraten.
Können Sie den Raum erraten? ✓ Kombüse

Diese Krankheit ist bekannt,
gibt's jedoch in keinem Land.
Auf dem Meer kann man sie kriegen
und muss die Übelkeit besiegen. ✓ Seekrankheit

Meistens ist sie dünn und lang.
Der Pirat braucht sie zum Fang.
Vorne hat sie spitze Zacken,
hinten hängt ein Seil zum Packen. ✓ Harpune

Autos parken auf dem Parkplatz,
Züge fahr'n zum Bahnhof rein.
Doch wo ankern denn die Schiffe,
wenn sie wieder sind daheim? ✓ Hafen

Meistens sind sie ziemlich klein,
aber manchmal kann es sein,
dass sie immer größer werden
und die Schiffe dann gefährden. ✓ Wellen

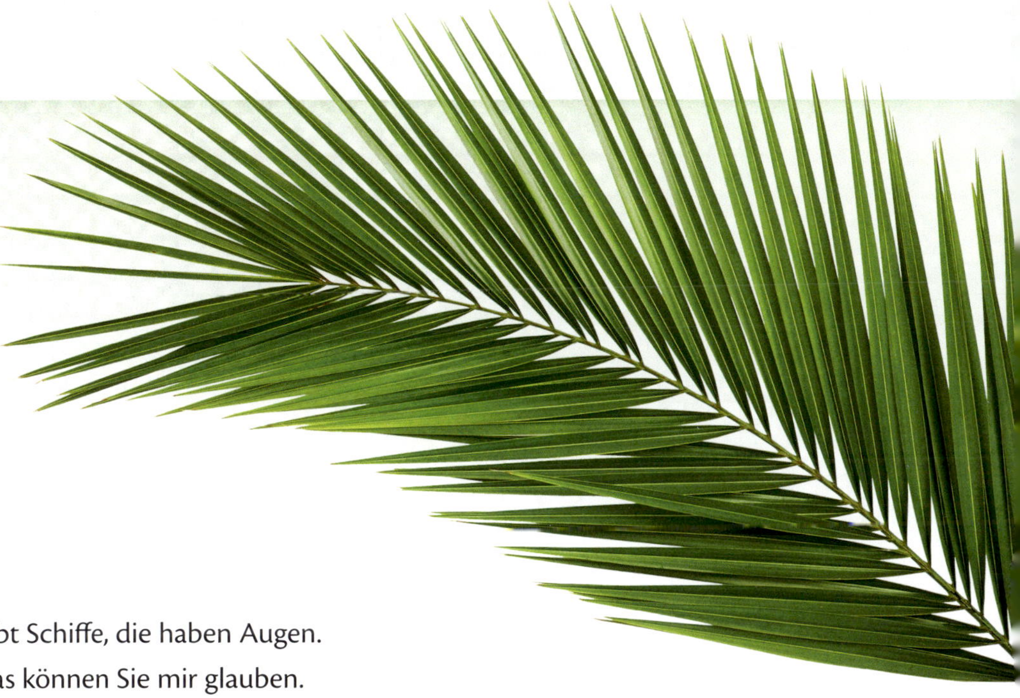

Es gibt Schiffe, die haben Augen.
Ja, das können Sie mir glauben.
Man kann sie öffnen, kann sie schließen,
kann durch sie das Meer begrüßen.
Na, wie heißen diese Augen,
die nur auf Schiffen etwas taugen?

Bullaugen

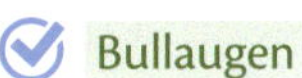

Sie schaut aus dem Meer heraus,
manchmal leben Menschen drauf.
Manchmal ist sie schmal und lang
wie ein krummer Bumerang.
Manchmal hat sie einen Berg
oder sie ist klein wie 'n Zwerg.
Doch eines, das ist immer gleich,
sie liegt in Neptuns Meeresreich.

Insel

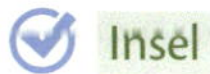

Piraten woll'n ihn haben,
müssen danach graben,
erbeuten oder stehlen,
Silber, Gold, Juwelen.

Schatz

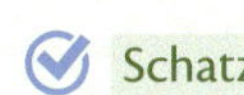

## Kesselrätsel

Es gibt Wörter, die gleich klingen,
doch sind sie Namen von zwei Dingen.
Der Pirat braucht nur das eine,
eine dicke, lange Leine.
Damit kann man vieles binden.
Auf dem Schiff ist es zu finden.
Der andere bedeckt die Wiesen,
als würde man sie morgens gießen.
Blumen, Blätter macht er nass.
Nun raten Sie! Was ist denn das?

✓ Tau

*HINWEIS:*
*Weisen Sie die Senioren vor dem Raten darauf hin, dass zwei verschiedene Wörter gesucht werden, die sich reimen.*

## Buchstabenrätsel

Im **S** kann man schöne Burgen bauen. ✓ Sand
In die **W** kann man einen Nagel hauen. ✓ Wand

Der **F** schwimmt umher mit seinen Flossen. ✓ Fisch
Der **T** wird gedeckt und Tee eingegossen. ✓ Tisch

Im **M** springen Delfine ganz toll. ✓ Meer
Und **l** ist das Gegenteil von voll. ✓ leer

**TIPP** Suchen Sie ein oder mehrere Reimwörter aus und fordern Sie die Senioren auf, weitere Reimwörter zu finden, z. B. Sand, Wand, Hand, Land, Strand ...

## Wörterrätsel

**Welche Wörter sind hier durcheinandergeraten?**

- rad – steuer — Steuerrad
- schatz – schlüssel – kisten — Schatzkistenschlüssel
- leiter – holz — Holzleiter
- fass – rum – deckel — Rumfassdeckel
- netz – fang – fisch — Fischfangnetz

## Scherzfragen

- Welcher Fisch trägt eine Waffe? — Schwertfisch
- Welches Pferd hat Flossen? — Seepferdchen

**In der Meereswelt gibt es lustige Namen.**
**Hat sich hier jemand einen Scherz erlaubt?**
**Nein, die gesuchten Namen gibt es wirklich!**

- Eine Koralle, die Feuer spuckt, ist eine … — Feuerkoralle
- Eine Muschel, die miese Laune hat, ist eine … — Miesmuschel
- Ein Wal, der Schweine frisst, ist ein … — Schweinswal
- Ein Seestern, der einen Kamm trägt, ist ein … — Kammseestern
- Ein Fisch, der sich wie ein Clown benimmt, ist ein … — Clownfisch
- Ein Hai, der Schokolade mag, ist ein … — Schokoladenhai
- Ein Wurm, der sich auf einem Weihnachtsbaum aalt, ist ein … — Weihnachtsbaumwurm

## 1-2-3-Ratefragen

**Der Blauwal ist das größte und schwerste Tier der Erde. Er kann bis zu 33 Meter lang werden und 200 Tonnen wiegen. Er ist so schwer wie …**

1. 2 Schweine
2. 10 Eisbären
3. 40 Elefanten

✓ **3** 40 Elefanten

**Die Zunge des Wales ist so schwer wie …**

1. eine Katze
2. ein Elefant
3. ein Schäferhund

✓ **2** ein Elefant

**Das Herz des Wales ist so groß wie …**

1. ein Eimer
2. ein Koffer
3. ein kleines Auto

✓ **3** ein kleines Auto

**Ein neugeborenes Blauwalbaby wiegt so viel wie …**

1. zwei kleine Autos
2. zwei Kühlschränke
3. zwei Toaster

✓ **1** zwei kleine Autos

*Wal: © hysazu – Fotolia.com*

## Ratereimgeschichte

Ein Pirat segelte stolz
auf seinem Schiff aus Eichenholz.
Die Wellen trugen ihn dahin,
nach reicher Beute stand sein Sinn.
Als er durch sein Fernrohr sah,
sah er ihn bedrohlich nah.

Ein riesengroßer, blauer Wal
suchte sich sein Abend... ✓ -mahl
Der Pirat wollte schnell weg,
doch der Wal, er kam, oh ... ✓ Schreck
Sein Maul war furchterregend breit,
zu einer Flucht blieb keine ... ✓ Zeit

Der Wal verschlang das Schiff im Nu
und den Piraten gleich ... ✓ dazu
Das Schiff, es schwamm im Bauch umher
wie auf einem kleinen ... ✓ Meer
„Hilfe, Hilfe, rettet mich!
Hier drinnen ist es ... ✓ fürchterlich

Dunkel war's und kalt und nass,
auf dem Wasser trieb ein ... ✓ Fass
Alte Boote, Rettungsringe
und noch viele andre ... ✓ Dinge
All das hat der Wal verschluckt
und nie wieder ausge... ✓ -spuckt

„Na warte, Riesenungeheuer,
diese Frechheit zahlst du …“ — teuer
Der Pirat lud die Kanonen
mit Kartoffeln und mit … — Bohnen
Und mit Feuer, Blitz und Rauch
schoss er in des Wales … — Bauch

Der fing an, ganz laut zu lachen,
denn sie kitzelten, die … — Sachen
Riss dabei das Maul weit auf,
der Pirat nahm schnell Reiß… — -aus
Endlich war er wieder frei,
mit dem Spuk war's nun … — vorbei

Pirat: © Jeanne McRight – Fotolia.com

## Bilderrätsel

© koya979 – Fotolia.com

© Tarzhanova – Fotolia.com

## Bilderrätsel

Schatzkarte

© Sergii Denysov – Fotolia.com

© pico – Fotolia.com

# Im Wilden Westen

## Ratefragen

- Wie heißt das Kriegsbeil der Indianer, das einer Axt ähnlich sieht?
  Tomahawk
- Wie nennt man das Zelt der Indianer, das aus Tierhäuten und Holzstangen gebaut wird?
  Tipi
- Wie heißt die Hütte der Indianer, die aus Ästen, Rinde und Pflanzen gebaut wird?
  Wigwam
- Was rauchen Indianer am Lagerfeuer?
  Friedenspfeife
- Wie heißen die selbst gefertigten Schuhe der Indianer?
  Mokassins
- Wie nennt man die Frauen bei den Indianern?
  Squaw
- Wie heißt der Pfahl, an dem die Indianer Gefangene festbinden?
  Marterpfahl
- Was benutzen Cowboys zum Einfangen der Rinder?
  Lasso
- Warum tragen Cowboys beim schnellen Reiten ein Tuch vor Mund und Nase?
  Schutz vor aufgewirbeltem Staub
- Wozu tragen Cowboys Sporen an ihren Stiefeln?
  zum Antreiben ihrer Pferde

## Wörterrätsel

**Welche Wörter sind hier durcheinandergeraten?**

- feuer – lager — Lagerfeuer
- cow – hut – boy — Cowboyhut
- sattel – pferde — Pferdesattel
- medi – mann – zin — Medizinmann
- herde – büffel — Büffelherde

*HINWEIS: Weisen Sie die Senioren vor dem Raten darauf hin, dass zwei verschiedene Wörter gesucht werden, die sich reimen.*

## Buchstabenrätsel

Im **Z** lebten die Indianer früher, nicht heute. — Zelt
Auf der **W** leben Milliarden Leute. — Welt

Die **R** der Cowboys fressen Heu und Gras. — Rinder
Die **K** spielen und haben Spaß. — Kinder

Auf dem **Pf** hat ein Indianer gesessen. — Pferd
Auf dem **H** kocht der Cowboy sein Essen. — Herd

**TIPP** Suchen Sie ein oder mehrere Reimwörter aus und fordern Sie die Senioren auf, weitere Reimwörter zu finden, z. B. Zelt, Welt, Geld, Held, fällt …

## Ratereimgeschichte

HINWEIS:
Lassen Sie beim Vorlesen die gekennzeichneten Reimwörter weg. Bitten Sie die Senioren, die fehlenden Wörter zu ergänzen.

Ich bin der junge Cowboy Jonny,
und hab ein kleines, braunes …  Pony

Ich bin stark und habe Mut.
Auf meinem Kopf, da sitzt ein …  Hut

Ich kann reiten, hopp, hopp, hopp.
Am liebsten reit ich im …  Galopp

Und mein Hund mit Namen Hasso
holt, wenn ich will, mein … Lasso

Dann fangen wir die Kühe ein
und bringen sie zum Stall …  hinein

## Kesselrätsel

Es gibt Wörter, die gleich klingen,
doch sind sie Namen von zwei Dingen.
Die eine ist mal groß, mal klein,
dem Vogel wächst sie ganz allein.
Der Indianer Sching-Gang-Guck
trägt sie stolz als schönen Schmuck.
Die andere ist ziemlich klein.
Sie passt in einen Kuli rein.
Aus dünnem Draht wird sie gedreht,
damit sie sich ganz leicht bewegt.  Feder

Feder: © felinda – Fotolia.com

## Rätselreime

Er ist mutig, klug und weise.
Wenn er spricht, sind alle leise.
Er führt sein Volk durch die Prärie,
vergisst die Traditionen nie.

Häuptling

Wenn Indianer sich beraten
und die großen Geister fragen,
brennen sie den Tabak an
und ein jeder zieht daran.

Friedenspfeife

Indianer haben einen Brauch,
der Freundschaft widerspiegelt.
Ein Messer braucht man dazu auch,
mit Blut wird er besiegelt.

Blutsbruderschaft

In jedem Indianerstamm
gibt es einen klugen Mann,
der kennt alle Arten Pflanzen,
kann die Geister herbeitanzen.

Medizinmann

Wenn Indianer Nachricht geben,
sieht man sie am Himmel schweben.
Denn es gab kein Telefon
und auch keine Poststation.

Rauchzeichen

## Bilderrätsel

Pferdestall

© ashva – Fotolia.com

© Christopher Boswell – Fotolia.com

# Bilderrätsel

Feuerholz

© Sylwia Schreck – Fotolia.com

© MacLuke – Fotolia.com

# Im Mittelalter

## Rätselreime

Ein Ritter, der legt sehr viel Wert
auf ein großes, scharfes … Schwert

Ein Ritter schießt auch, ungelogen,
meisterhaft mit Pfeil und … Bogen

Ein Ritter reitet auf dem Rappen.
Auf seinem Schild sieht man sein … Wappen

Ein Ritter kämpft besonders gut
und ist bekannt für seinen … Mut

## Kesselrätsel

Es gibt Wörter, die gleich klingen,
doch sind sie Namen von zwei Dingen.
Der Ritter trägt es stolz im Kampfe,
in der andren Hand die Lanze.
Es ist groß und ziemlich breit
und dient zum Schutze jederzeit.
Das andre regelt den Verkehr.
Der Autofahrer braucht es sehr.
Es zeigt, worauf er achten muss,
genau wie LKW und Bus. Schild

## Buchstabenrätsel

HINWEIS:
Weisen Sie die Senioren vor dem Raten darauf hin, dass zwei verschiedene Wörter gesucht werden, die sich reimen.

Der **R** kämpft mutig gegen den Drachen. — Ritter
Und **b** schmeckt die Pampelmuse in Ihrem Rachen. — bitter

Die **L** des Ritters ist lang und spitz. — Lanze
Die **W** versteckt sich im Bettenschlitz. — Wanze

Den **H** trägt der Ritter zum Schutz auf dem Kopf. — Helm
Der **Sch** streut Zucker statt Salz in den Topf. — Schelm

Das **W** prangt auf dem hölzernen Schild. — Wappen
Mit dem **L** putzt sie das Silber wie wild. — Lappen

## Scherzfragen

- Welches Hemd hat tausend Löcher? — Kettenhemd
- Welche Brücke kann man ziehen? — Zugbrücke
- Wie kann ein Ritter zehn Tage am Stück kämpfen, ohne zu schlafen? — Er schläft in der Nacht.
- Was liegt zwischen Ritterburg und Zugbrücke? — das Wort „und"

# Rätselgeschichte

HINWEIS:
Für das Lösungswort steht im Text jeweils ein Fragezeichen. Ersetzen Sie es beim Vorlesen durch ein kurzes Geräusch, z. B. eine Hupe oder einen Schlag auf einen Tisch.

## Der schlaue Schmied

Es war einmal ein Schmied, der lebte am Fuße einer Ritterburg. Er war sehr geschickt im Umgang mit Hammer und Amboss und es gab fast nichts, was er nicht schmieden konnte. So wurde der Schmied bis weit über die Landesgrenzen hinaus bekannt für seine Schmiedekunst.

Eines Tages stand plötzlich ein fremder Rittersmann in der Werkstatt des Schmiedes. Er war groß und kräftig und sah sich schweigend mit grimmigem Blick um. Seine riesigen Pranken hielten einen Helm und ein Schwert.

Nach einer ganzen Weile brummte der Ritter ohne einen Gruß: „Mich schickt dein Herr, der Ritter Löwenherz", und er zeigte dabei mit dem Kopf zur Burg hoch. „Du sollst mir etwas anfertigen, und zwar eine ?." Der Schmied machte große Augen. Noch nie hatte er eine Arbeit für einen fremden Ritter erledigt. Das war ihm strengstens verboten. Entweder log der Ritter oder er war ein sehr guter Freund seines Herrn, für den dieser eine Ausnahme machte. Nun konnte der Schmied es natürlich nicht wagen, den Ritter einen Lügner zu nennen, und so überlegte er sich eine List: „Wie stellt ihr euch eure ? denn vor, Herr Ritter?", fragte er. „Was ist das für eine blöde Frage?", polterte der Ritter los. „Hast du noch nie eine ? angefertigt? Natürlich will ich alles, was dazu gehört: einen Helm, einen

Ritter: © Nejron Photo – Fotolia.com

Harnisch, darauf soll mein Wappen glänzen, Armschienen, Beinschienen und selbstverständlich Panzerhandschuhe."
„Kein Problem", beteuerte der Schmied und schaute sich in seiner Werkstatt um. „Doch, ein klitzekleines Problem gibt es. Ihr seid ein stattlicher Herr", schmeichelte der Schmied.
„Darum brauche ich für die gesamte ? sehr viel Material. Das habe ich nicht. Seht euch um! Ich bin nur ein kleiner Schmied mit einer kleinen Werkstatt."
„Dann musst du das Material besorgen!", wetterte der Ritter.
„Alles, was ich für eure edle ? brauche, bekomme ich von der Burg, von Ritter Löwenherz", sagte der Schmied. „Ich werde mich gleich auf den Weg machen und ihn darum bitten."
„Halt", schrie der fremde Ritter. „Das geht nicht."

Nun wusste der Schmied, dass dieser Lügner keinesfalls von seinem Herrn geschickt wurde, und sagte: „Aber natürlich geht das. Die Arbeit hier kann warten. Wir gehen gemeinsam zur Burg hinauf und wenn ihr selbst nach dem Material für eure ? fragen würdet, könnte ich gleich beginnen. Schon beim nächsten Turnier könntet ihr eure neue ? tragen."

Der Rittersmann stand da und schniefte und schnaufte. Er wurde rot und röter und wusste nichts mehr zu sagen.
Da sah der Schmied aus dem geöffneten Fenster und rief fröhlich:
„Oh, welch ein Glück! Da kommt Ritter Löwenherz auf seinem edlen Pferd geritten. Fragen wir ihn gleich."

Als der fremde Ritter das hörte, drehte er sich schnell wie der Blitz um, stürmte zur Tür hinaus, schwang sich auf sein Pferd und ritt wie der Teufel davon.
Der Schmied lachte in sich hinein und grüßte wenig später freundlich seinen Nachbarn, den Schuster, der auf einem Esel von der Burg geritten kam.

## Bilderrätsel

Drachenhöhle

© DM7a – Fotolia.com

Cuevas del Drach, Mallorca © Balate Dorin – Fotolia.com

# Bilderrätsel

Ritterburg

© Alexander Spegalskiy – Fotolia.com

Marksburg am Rhein © ruzi – Fotolia.com

# In der Natur

## Rätselreime

Er flattert hin und flattert her.
Blütennektar schmeckt ihm sehr.
Darum sieht man ihn auf Wiesen,
wo viele bunte Blumen sprießen.

Schmetterling

Sie lebt versteckt im Wald.
Nachts ruft sie, dass es schallt.
Leise fliegt sie durchs Geäst,
ob eine Maus sich sehen lässt.

Eule

Sie hat weder Hand noch Beine,
kriecht über Gras und Steine.
Eine Schleimspur macht sie dann,
die man glitzern sehen kann.

Schnecke

Wenn durch einen Wald wir gehen,
können wir die Haufen sehen.
Viele Tiere, winzig klein,
schaffen Nadelholz hinein.
Immer größer wird der Haufen,
denn die kleinen Tiere laufen
unermüdlich hin und her
und es werden immer mehr.

Ameisen

Ameisen: © Antrey – Fotolia.com

## Kesselrätsel

Es gibt Wörter, die gleich klingen,
doch sind sie Namen von zwei Dingen.
Der eine ist ein Tier, zart und winzig klein.
Er kann mal rot, mal gelb oder ganz anders sein.
Er kann laufen, fliegt von Blatt zu Blatt,
so mancher Flügel Punkte hat.
Der andere ist uns bekannt
als Automarke im ganzen Land.

✓ Käfer

*HINWEIS:*
*Weisen Sie die Senioren vor dem Raten darauf hin, dass zwei verschiedene Wörter gesucht werden, die sich reimen.*

## Buchstabenrätsel

Die **T** steht als Baum im Wald. ✓ Tanne
In der **K** wird der Kaffee kalt. ✓ Kanne

Der **F** im Wald hat rotes Fell. ✓ Fuchs
Der **L** im Zoo ist scheu und schnell. ✓ Luchs

Der **W** mag den Angelhaken wirklich nicht. ✓ Wurm
Im **T** ist Rapunzel gefangen und hat ein traurig's Gesicht. ✓ Turm

**TIPP** Suchen Sie ein oder mehrere Reimwörter aus und fordern Sie die Senioren auf, weitere Reimwörter zu finden, z. B. Tanne, Kanne, Pfanne, Wanne, Panne …

## Scherzfragen

- Welcher Zahn wächst auf der Wiese? 

- Welcher Pilz kann fliegen? 

- Wer schleicht blind durchs Gras? 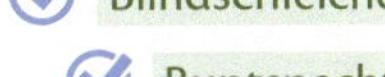

- Welcher Specht trägt ein buntes Kleid? Buntspecht
- Der Name welcher Meise beginnt mit einem A? 

- Warum fliegen Vögel im Herbst nach Süden? 

- Welcher Baum braucht keine Wurzeln? 

## Wörterrätsel

**Welche Tiernamen sind hier durcheinandergeraten?**

- salamander – feuer — Feuersalamander
- hüpfer – gras — Grashüpfer
- berg – wein – schnecke — Weinbergschnecke
- spinne – kreuz — Kreuzspinne
- wurm – regen — Regenwurm
- maus – feld – spitz — Spitzfeldmaus
- echse – eid – wald — Waldeidechse
- stelze – bach — Bachstelze

**TIPP** Nutzen Sie ein Lösungswort und bilden Sie gemeinsam mit den Senioren eine Wortkette, z. B. Weinbergschnecke, Schneckenhaus, Haustür …

## 1-2-3-Ratefragen

**Welches Tier wohnt nicht im Wald?**

1. Wildschwein
2. Hamster
3. Reh

2 Hamster

**Was wird aus Gras, wenn man es abschneidet und in der Sonne trocknen lässt?**

1. Heu
2. Stroh
3. Holz

1 Heu

**Was wächst auf der Wiese und hat drei oder manchmal sogar vier grüne Blätter?**

1. Gras
2. Pilz
3. Klee

3 Klee

**Welche Insekten sammeln Blütennektar und machen Honig daraus?**

1. Bienen
2. Fliegen
3. Mücken

 1 Bienen

Biene: © Vinicius Tupinamba – Fotolia.com

# Bilderrätsel

 Steinpilz

© eak8dda – Fotolia.com

© crimson – Fotolia.com

# Bilderrätsel

✓ Schneckenhaus

© rcfotostock – Fotolia.com

© eyetronic – Fotolia.com

# Der Körper

## Rätselreime

Was man wissen muss:
Es wohnt in jeder Brust.
Es schlägt im Takt tagaus, tagein,
bei allen Menschen, groß und klein.

Herz

Manchmal sind sie braun oder aber blau.
Manchmal sind sie grün oder aber grau.
Sie sitzen mitten im Gesicht,
nur nachts braucht man sie nicht.
Dann machen wir die zwei Dinger zu
und schlafen im Bett in aller Ruh.
Früh schlagen wir sie wieder auf
und schon beginnt der Tageslauf.

Augen

Zum Sehen brauchen wir die Augen.
Zum Riechen unsre Nasen taugen.
Schmecken kann man mit der Zunge.
Atmen tut man mit der Lunge.
Und womit hören Mensch und Tier?
Sie wissen es und sagen's mir!

Ohren

## Ratefragen

→ Warum muss man pupsen?

Das Gas, das bei der Verdauung im Dickdarm gebildet wird, will raus.

→ Kinder wachsen vom Tag ihrer Geburt an und sind irgendwann erwachsen. Was wächst trotzdem ein Leben lang weiter?

Haare, Fingernägel, Zehennägel

→ Womit können blinde Menschen lesen?

Mit den Fingern ertasten sie die Braille-Schrift, die als Punkte in Papier gestanzt wird.

→ Jeder Finger der Hand hat einen Namen, der mit dem Wort „Finger“ endet. Nur einer nicht. Welcher?

Daumen

→ Wohin rutscht das zerkaute Essen, wenn Sie es herunterschlucken?

Magen

→ Mit welchem Teil des Körpers kann der Mensch denken?

Gehirn

## Kesselrätsel

Es gibt Wörter, die gleich klingen,
doch sind sie Namen von zwei Dingen.
Das eine hat ein jedermann,
zwei davon am Körper dran.
Nicht die Beine meine ich,
weiter oben suche mich.
Das andere sagt man sogleich,
ist jemand überhaupt nicht reich.

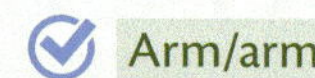
Arm/arm

## Ratereimgeschichte

HINWEIS:
Lassen Sie beim Vorlesen die gekennzeichneten Reimwörter weg. Bitten Sie die Senioren, die fehlenden Wörter zu ergänzen.

Es war einmal 'ne kleine Schnecke,
die hockte traurig in der Ecke.
Sie dacht': „Ach, hätt ich nur für eine Weile
auch so tolle Körperteile.
Dann wär ich nicht mehr schwach und klein.
Ich würde endlich jemand sein."
So träumte sie in ihrer Ecke,
dass sie Zauberkräfte hätte.

Ene mene, lila Schüssel,
vom Elefant möchte ich den langen … Rüssel

Ene mene, Kleiderbügel,
vom Schmetterling die schönen … Flügel

Ene mene, Gürtelschnallen,
von der Miezekatz' die scharfen … Krallen

Ene mene, Wasserhähne,
vom Krokodil die spitzen … Zähne

Ene mene, Griebenschmalz,
von der Giraffe den langen … Hals

Ene mene, Freudentanz,
vom Ferkelchen den Ringel… -schwanz

Doch nichts davon, glauben Sie mir,
bekam das kleine Schneckentier.

Schnecke: © Zerbor – Fotolia.com

## 1-2-3-Ratefragen

**? Welches Körperteil befindet sich in Ihrem Bein?**

1. Kniescheibe
2. Laufrad
3. Gehstock

✓ 1 Kniescheibe

**? Wie viele Zähne hat ein neugeborenes Baby?**

1. 12
2. 2
3. keine

✓ 3 keine

**? Wie heißt der kleine, schwarze Punkt in der Mitte des Auges?**

1. Papulle
2. Pipalle
3. Pupille

✓ 3 Pupille

**? Womit kann man süß, sauer, salzig oder bitter schmecken?**

1. Zunge
2. Zähne
3. Hals

✓ 1 Zunge

**? Wie heißt der Knochen zwischen Ober- und Unterarm?**

1. Schulter
2. Ellenbogen
3. Ferse

✓ 2 Ellenbogen

## Bilderrätsel

Fußnagel

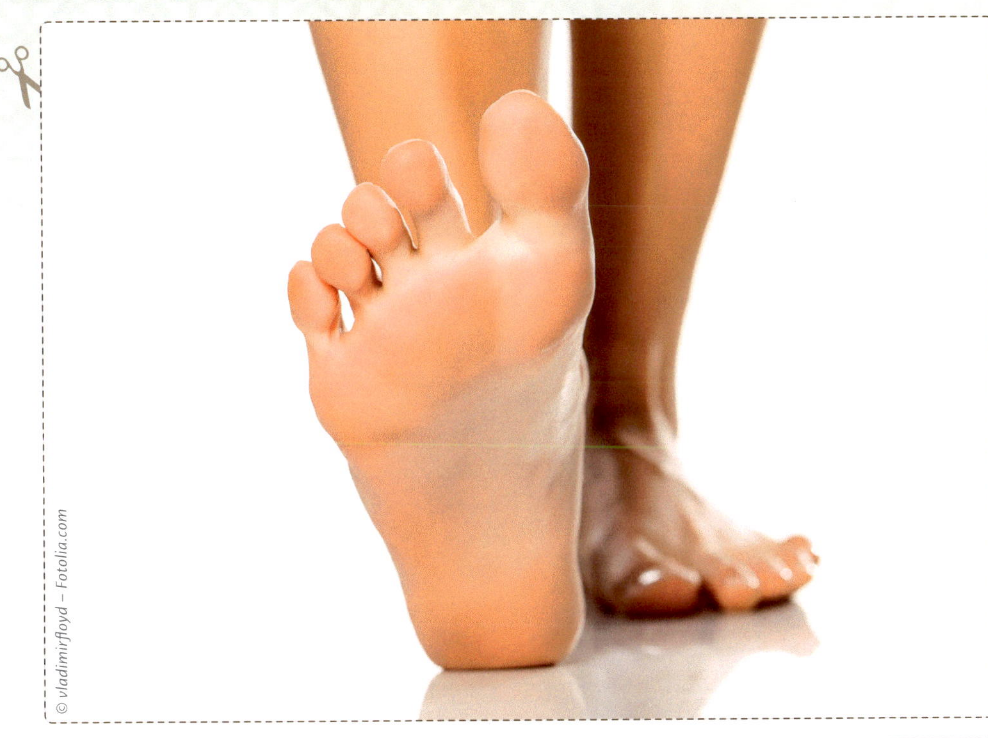

© vladimirfloyd – Fotolia.com

© Brent Hofacker – Fotolia.com

© Verlag an der Ruhr | Autorin: Ute Schröder | ISBN 978-3-8346-3770-3 | www.verlagruhr.de

# Bilderrätsel

Ohrmuschel

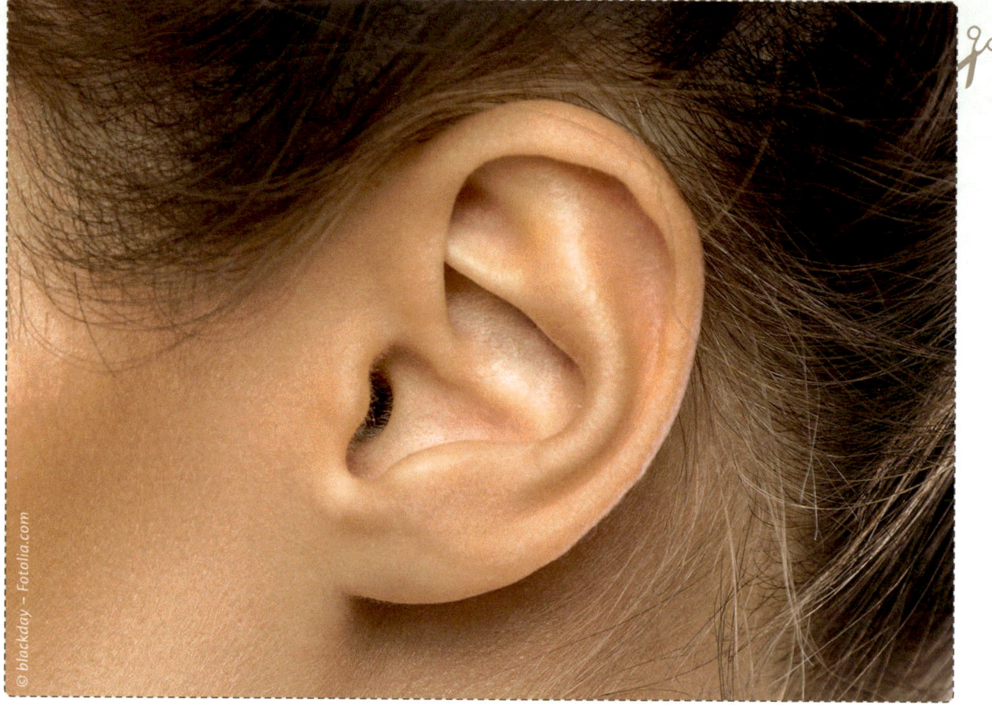

© blackday – Fotolia.com

© JWS – Fotolia.com